Edson Aran

# O AMOR É OUTRA COISA

O livro de pensamentos estúpidos
que vai mudar a sua vida



Jardim Dos Livros

1ª Edição – Agosto de 2013

Grafia atualizada segundo o acordo ortográfico da Língua Portuguesa de 1990, que entrou em vigor no Brasil 2009.

Editor e Publisher
Luiz Fernando Emediato

Diretora Editorial
Fernanda Emediato

Editor
Paulo Schmidt

Produtora Editorial e Gráfica
Erika Neves

Capa
Alan Maia

Diagramação e Finalização
Megaarte Design

Revisão
Tilso Duchamp

Dados Internacionais de Catalogação na Publicação (CIP)
(Câmara Brasileira do Livro, SP, Brasil)

---

Aran, Edson
O amor é outra coisa / Edson Aran. – São Paulo :
Jardim dos Livros, 2013.

ISBN: 978-85-63420-45-9

1. Citações – Coletâneas 2. Humorismo 3. Livros de frases I. Título.

13-04512 CDD-808.87

---

Índice para Catálogo Sistemático

1. Antologias : Frases de humor e sátira : Literatura 808.87
2. Humor e sátira : Frases : Antologias : Literatura 808.87

**EMEDIATO EDITORES LTDA.**
Rua Major Quedinho, 111 – 20º andar
CEP: 01050-904 – São Paulo – SP

**DEPARTAMENTO EDITORIAL E COMERCIAL**
Rua Gomes Freire, 225 – Lapa
CEP: 05075-010 – São Paulo – SP
Telefax: (+ 55 11) 3256-4444
E-mail: jardimdoslivros@geracaoeditorial.com.br
www.geracaoeditorial.com.br
twitter: @jardimdoslivros

2013
Impresso no Brasil
*Printed in Brazil*

*para as mulheres "fat free"*

## O amor e suas origens

# A história do "meme" mais famoso do Twitter

Nas últimas décadas do milênio passado, comprei uma agenda (antiquado caderno onde se anotava telefone e endereço das pessoas) e desandei a escrever frases. Aproveitava a ordem alfabética e, sempre que uma ideia cretina me ocorria, procurava a letra adequada e mandava uma "definição":

"Amor: O amor não é uma coisa que arde dentro de você. O nome disso é azia. O amor é outra coisa."

Quando comecei o Site do Aran (www.sitedoaran.com.br) em 2003, decidi aproveitar essas frases. Criei uma seção chamada "Pensamento estúpido do dia", que vinha no alto da página, antes da tira de quadrinhos. As frases fizeram sucesso, especialmente a série "o amor é outra coisa".

A composição do "amor é outra coisa" é quase um *haikai*. Começa sempre como uma metáfora romântica, depois dá um cavalo de pau e se revela a descrição de um troço muito besta e banal.

Como as frases bombavam mais que terrorista da Al-Qaeda, recebi um convite do coletivo Verbeat (www.verbeat.org) para reuni-las num *blog* chamado "Pensamentos Estúpidos do Aran". Mesmo sem nenhuma divulgação, o *blog* tinha centenas de visitas diárias. Toquei o "Pensamentos Estúpidos" até 2007, quando ficou impossível escrever dois *sites*, fazer livros esporádicos e ainda dirigir a maior revista masculina do país (é aquela do coelho, você conhece).

Nessa época, a série do "amor" já estava bem popular. Até programas matutinos apresentados por mulheres loiras citavam as frases – sem dar crédito e nem pagar o autor. Brasil, né? O "amor é outra coisa" tinha virado um "meme", espécie de vírus cultural que se instala na cabeça das pessoas e começa a se reproduzir sozinho.

Mas a propagação do "meme" foi ainda maior com a chegada do Twitter. O *microblog* de 140 caracteres me parecia o lugar ideal para juntar minhas observações inúteis. A ideia era usar o Twitter como uma espécie de armazém para os "pensamentos estúpidos", que depois, sei lá, virariam livro, receita de bolo, bula de remédio etc.

Deu certo. Acabei ganhando milhares de seguidores (15.988 no momento em que escrevo este texto), apesar do meu insistente apelo, várias vezes tuitado e retuitado: "Não me siga. Também estou perdido".

No Twitter, "memes" se reproduzem mais que chineses e "o amor é outra coisa" virou febre. Todo mundo passou a copiar o formato, embora nem sempre com o elã, *a joie de vivre* e o *savoir faire* que o amor exige.

Neste livro, juntei o melhor do meu amor e do meu humor. Tem toda a série e também vários outros pensamentos sobre a dor da existência, o sentido da vida, os descaminhos da humanidade e a busca da felicidade.

Faça deste livro uma lanterna e ilumine-se.

O pensamento, afinal, é a forma mais eficaz de fazer as pessoas se transformarem. Ou melhor, não é não. O nome disso é operação plástica. O pensamento é outra coisa.

São Paulo, maio de 2012

# O Amor é outra coisa

O livro de pensamentos estúpidos
que vai mudar a sua vida

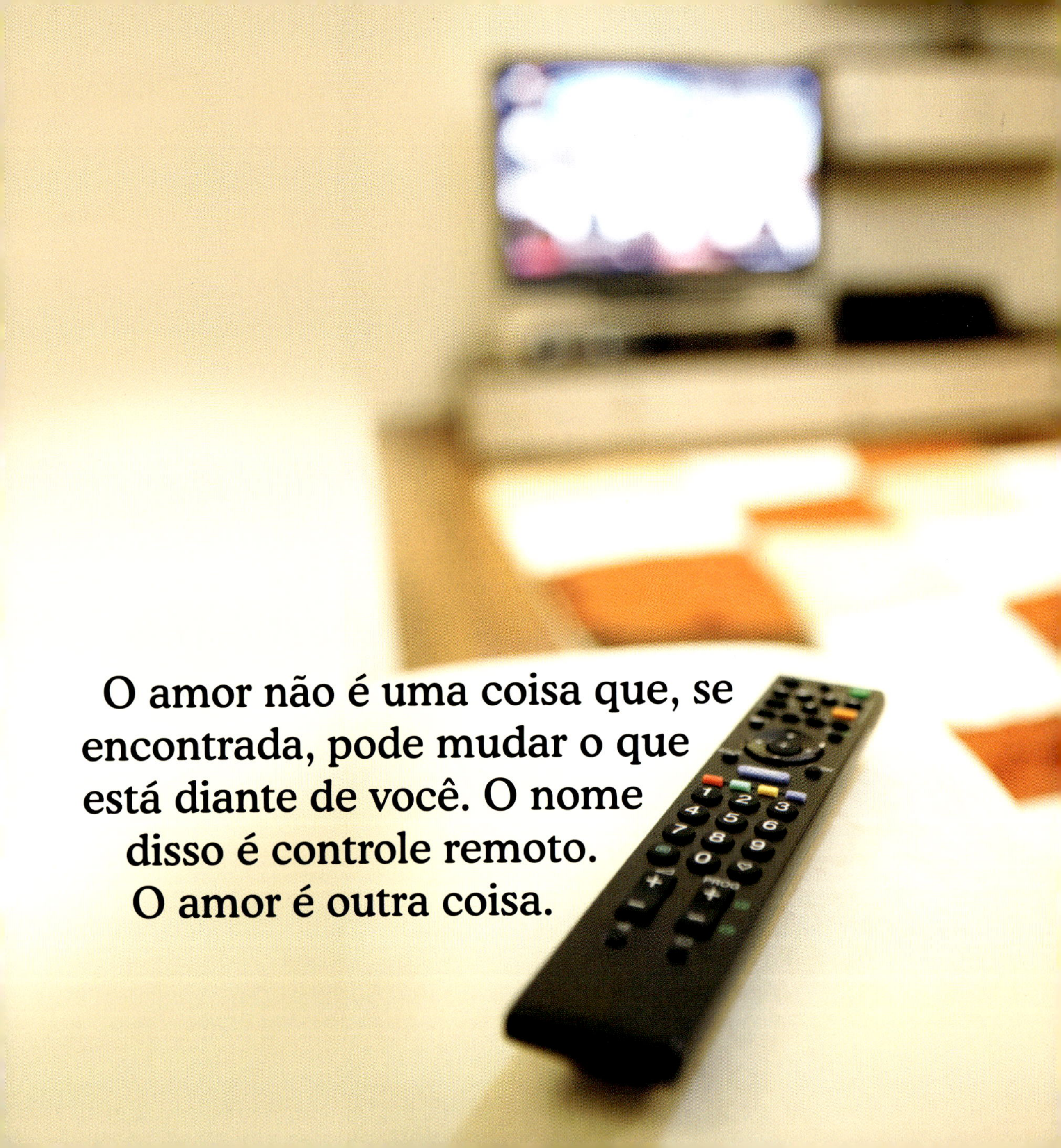

O amor não é uma coisa que, se encontrada, pode mudar o que está diante de você. O nome disso é controle remoto.
O amor é outra coisa.

Quem
procura pelo em
ovo acha que tudo
é um saco.

Guerra religiosa é um monte de gente se matando pra ver quem tem o amigo imaginário mais bacana.

Se você pensa que a sua fraqueza pode ser transformada em força, é porque você está tomando anabolizantes demais.

A fórmula para o sucesso
financeiro é simples:
acordar cedo, trabalhar muito
e achar petróleo.

O amor não é uma coisa que transborda do seu interior e que você não consegue segurar. O nome disso é incontinência urinária. O amor é outra coisa.

Se você ama
alguém, deixe-o ir.
Se voltar, é porque
pertence a você.
Se não voltar, é
porque o ônibus
quebrou..

Para alcançar a iluminação, primeiro procure o interruptor.

A cada manhã que chega você tem
a chance de ser uma pessoa melhor.
A cada noite que chega você já
fodeu tudo.

Eleve-se até as nuvens sem tirar os pés do chão: vá de elevador.

O amor não é uma chama que não se apaga. O nome disso é incêndio no cerrado. O amor é outra coisa.

Nunca confunda Paul Verhoeven com
Paul Verlaine. O primeiro fez o Robocop.
O segundo fez o Rimbaud.

A humanidade precisa parar de fazer testes com animais. Eles não acertam uma pergunta.

O tigre não muda suas listras.
Mas a zebra também não.
E ela não fica por
aí contando
vantagem.

Milhares de passos de axé-music começaram por excesso de chatos nas partes íntimas, mas ninguém gosta de falar sobre isso.

O amor não é uma coisa que você pode
dispensar com um gesto de mão.
O nome disso é mendigo.
O amor é outra coisa.

Os homens que não conseguem entender as mulheres se dividem em dois grandes grupos: solteiros e casados.

Se for galinha flambada no conhaque, é
"cordon-bleu". Se for galinha com farofa e
cachaça, é candomblé.

Quando uma porta fecha, a outra abre.
É por isso que você não consegue
entrar em casa.

Imagine um mundo de paz.
Imagine um mundo de amor. Imagine um mundo onde as pessoas não sabem o que é a violência. Imagine a gente chegando lá e descendo o braço em todo mundo.
Pô, eles iam apanhar pra caramba!

O amor não é uma coisa que o espreita toda noite nas ruas escuras da cidade.

O nome disso é Batman. O amor é outra coisa.

A América Latina
é um romance
jogado no lixo pelo
Joseph Conrad
e reescrito
pelo redator
da Praça
é Nossa.

O homem levou milhões de anos para
chegar ao topo da cadeia alimentar.
E agora, por causa do regime,
só come alface.

Não dá pra ser otimista
com o Universo.

No início não
havia nada.
Aí explodiu tudo.

A primeira amnésia a gente nunca esquece.

O amor não é uma
coisa que te faz
perder a respiração.
O nome disso é
bronquite asmática.
O amor é outra
coisa.

Contrate
empregados
com dupla
personalidade.
Você vai ter
dois pelo
preço de
um.

A corrupção
não é endêmica
nem sistêmica, é
epidêmica.
Mas se alguém
me liberar algum,
eu digo que é
anêmica.

Na hora de optar entre as trevas e a luz, pense em qual delas você vai pagar menos energia elétrica.

Quando se é sereia, aposto que a coisa mais chata é aquele monte de peixes falando: uia, que rabão!

O amor não é uma
coisa que sai de
dentro de você e se
espalha pelo ar.
O nome disso é
flatulência.
O amor é outra coisa.

No futuro todos
ficarão pelados
na internet por
quinze minutos.

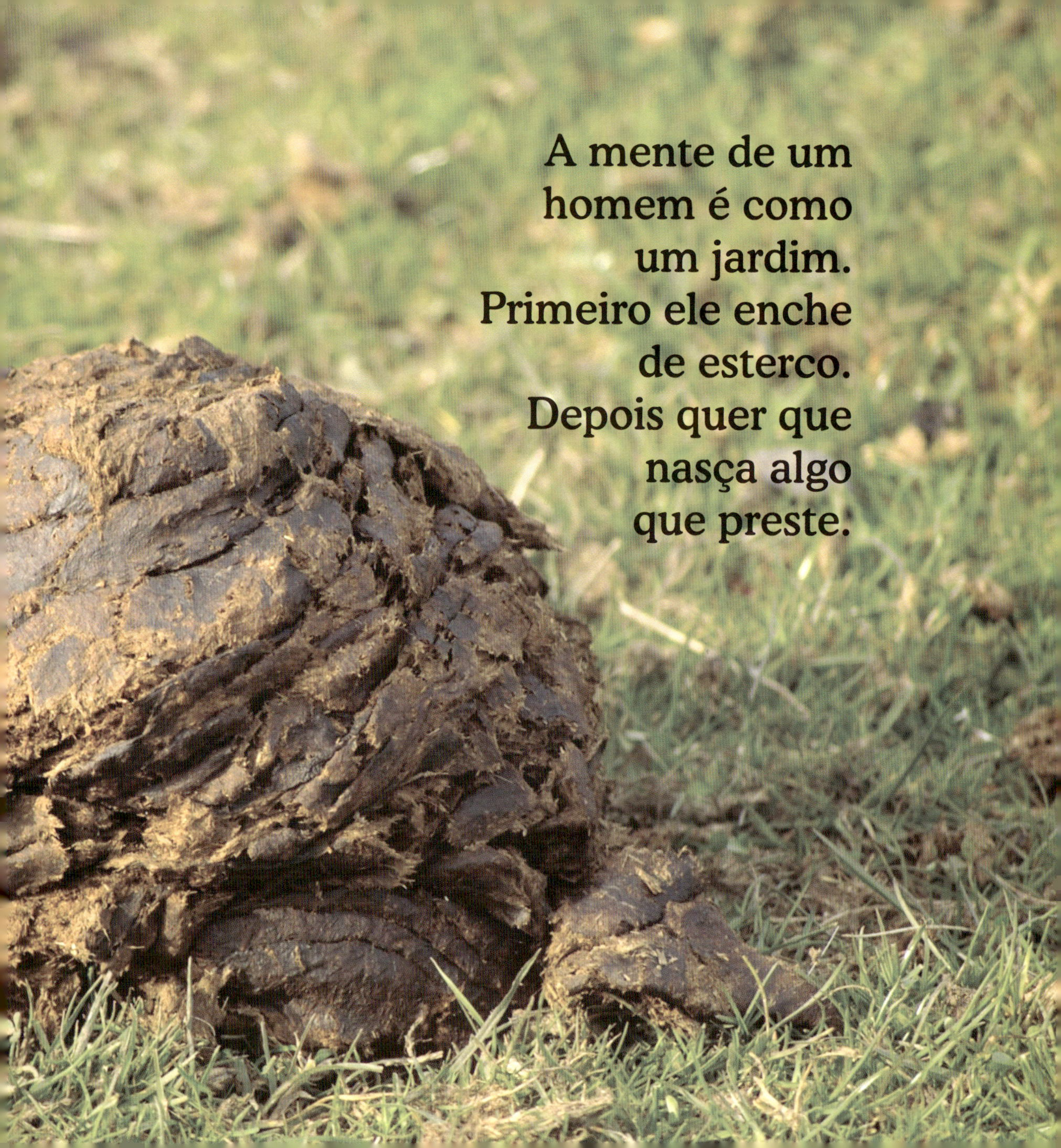

A mente de um
homem é como
um jardim.
Primeiro ele enche
de esterco.
Depois quer que
nasça algo
que preste.

O coração do
sábio está no
seu lar, mas a
cabeça está no
puteiro.

Quem vive no passado sempre chega atrasado aos compromissos.

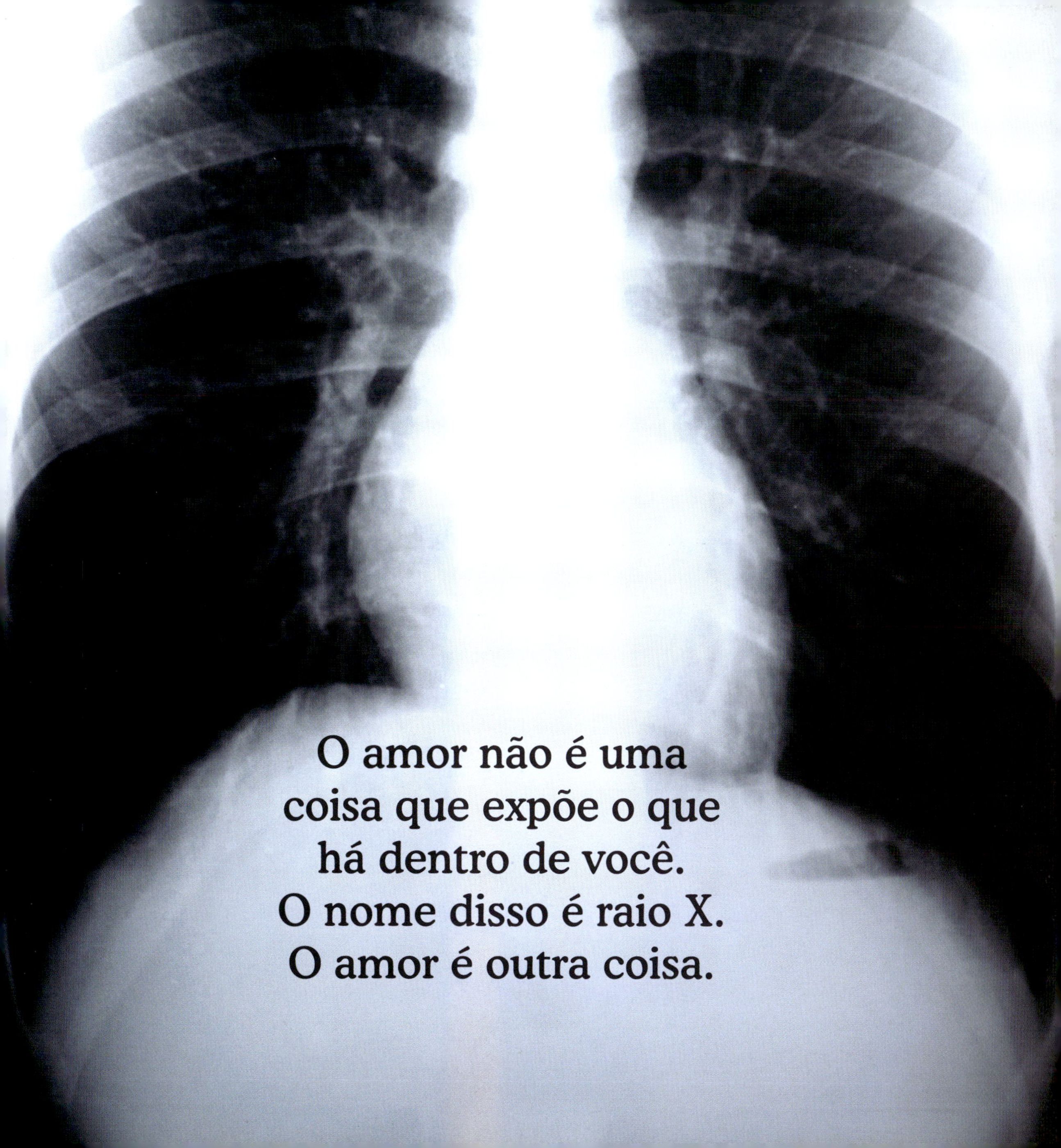

O amor não é uma
coisa que expõe o que
há dentro de você.
O nome disso é raio X.
O amor é outra coisa.

Sociedade sem classe é quando ninguém na mesa sabe usar talher de peixe.

A vida é cheia de segredos.
De noite, por exemplo, ela
vira "drag queen".

O ruim da necrofilia
é que não dá pra
reclamar que a
mulher é fria.

Se os elefantes voassem, os guarda-chuvas custariam uma fortuna.

O amor não é uma coisa que o tira do chão
e o transporta para lugares que você
nunca viu. O nome disso é avião.
O amor é outra coisa.

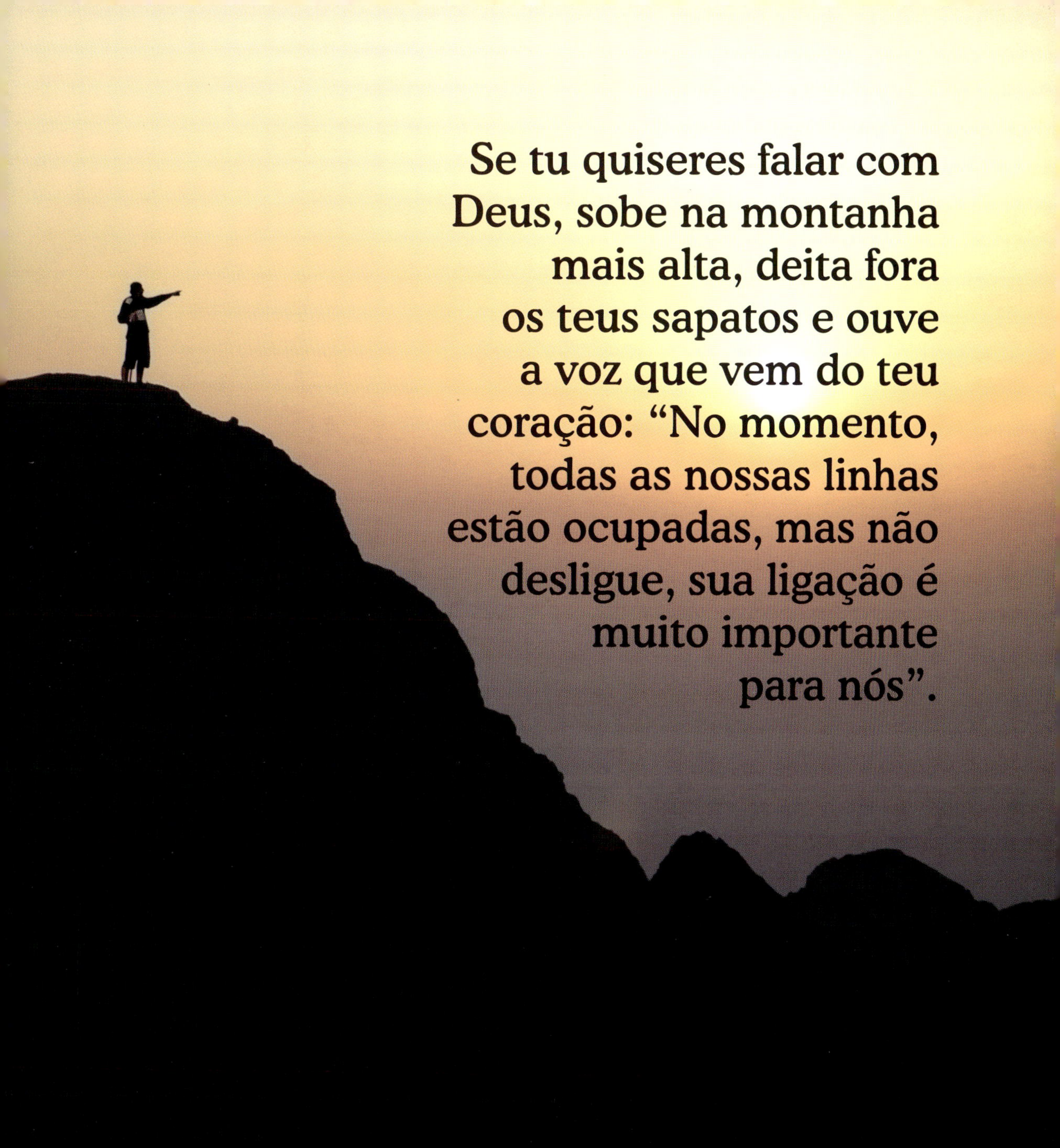

Se tu quiseres falar com
Deus, sobe na montanha
mais alta, deita fora
os teus sapatos e ouve
a voz que vem do teu
coração: "No momento,
todas as nossas linhas
estão ocupadas, mas não
desligue, sua ligação é
muito importante
para nós".

Se a vida te
deu um limão,
pegue o limão
e enfie no rabo.
Só assim você
compreenderá
quão sábio
é o destino.
Imagina se
fosse um
abacaxi...

O bom da esquizofrenia é que
você nunca janta sozinho.

Há uma ordem natural
nas coisas.
A galinha do vizinho
é sempre mais gorda,
mas a mulher do
vizinho é sempre
mais magra.

O amor não é uma coisa
cinza que lançou uma luz
sobre você, o levou pra ver
as estrelas e o trouxe de volta
com algo dele em seu interior.
O nome disso é alienígena.
O amor é outra coisa.

O otimista, quando tem sensação de "déjà-vu", pensa: oba, desta vez vai ser diferente!

Arraial d'Autoajuda é uma praia da Bahia onde as pessoas acham que basta pensar positivo para aprender a nadar. Muita gente morre afogada lá.

Você cria seu próprio destino. O problema é fazê-lo obedecer. Destino, junto! Senta! Senta!

A natureza
odeia o vácuo.
Mas odeia ainda
mais a mulher
dele, que é
uma vaca.

O amor não é uma coisa que causa dor
profunda no âmago do seu ser.
O nome disso é proctologista.
O amor é outra coisa.

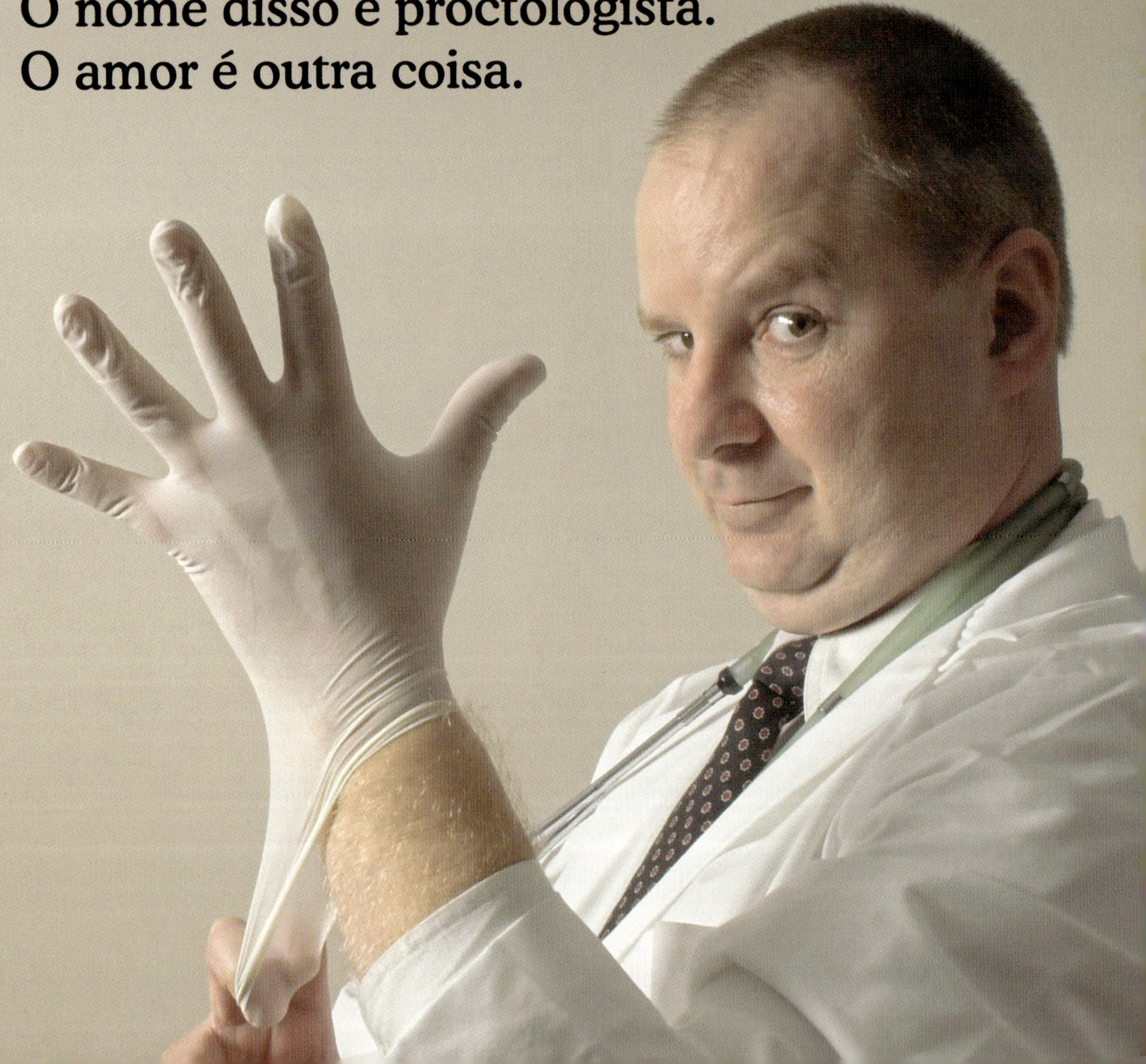

A pena é mais poderosa que a espada, mas numa briga entre uma galinha e um ninja, eu aposto no ninja.

O canibal morde a mão que o alimenta.

Se a fé remove montanhas, por que a gente não usa padres pra fazer estradas? Ia economizar a maior grana em tratores!

Desde que começou a contemplar o firmamento, o homem ergue os olhos para o céu pontilhado de estrelas e se pergunta: "aí, ó, será que vai dar praia amanhã?"

O amor não é uma coisa que faz a terra deslizar sob os seus pés. O nome disso é chuva de verão. O amor é outra coisa.

O cúmulo da neurose é
um anão com complexo
de superioridade.

Cada dia que chega é um presente. Mas não o dia que passou. Aí já não é presente, é passado.

Quando ninguém acredita no seu amigo
imaginário, você é esquizofrênico.
Quanto todo mundo acredita,
você vira papa.

Nove entre dez estrelas usam Lux.
A última vai de dedo mesmo.

O amor não é uma
coisa colorida que
pode desaparecer
a qualquer
momento.
O nome disso
é ararinha-azul.
O amor é outra
coisa.

Uma coisa
é não ter
saco.
Outra,
muito
diferente,
é não ter
culhão.

Deus não me mandou a este mundo para julgar meus semelhantes. Ele me mandou para recolher espécimes diferentes e levar ao meu planeta de origem.

Feliz era o Chico Xavier que só escrevia com "ghost-writer".

Mulher reclama de cólica porque nunca levou chute no saco.

O amor não é
uma coisa que
chega de repente
e o transforma
em refém.
O nome disso é
sequestrador.
O amor é
outra coisa.

Quem investe numa escola, fecha um presídio. Mas quem investe em drogas e prostitutas de alto luxo se diverte muito mais.

Filme é muito melhor do que livro.
Você vê no escuro e pega no peito da
namorada ao mesmo tempo.

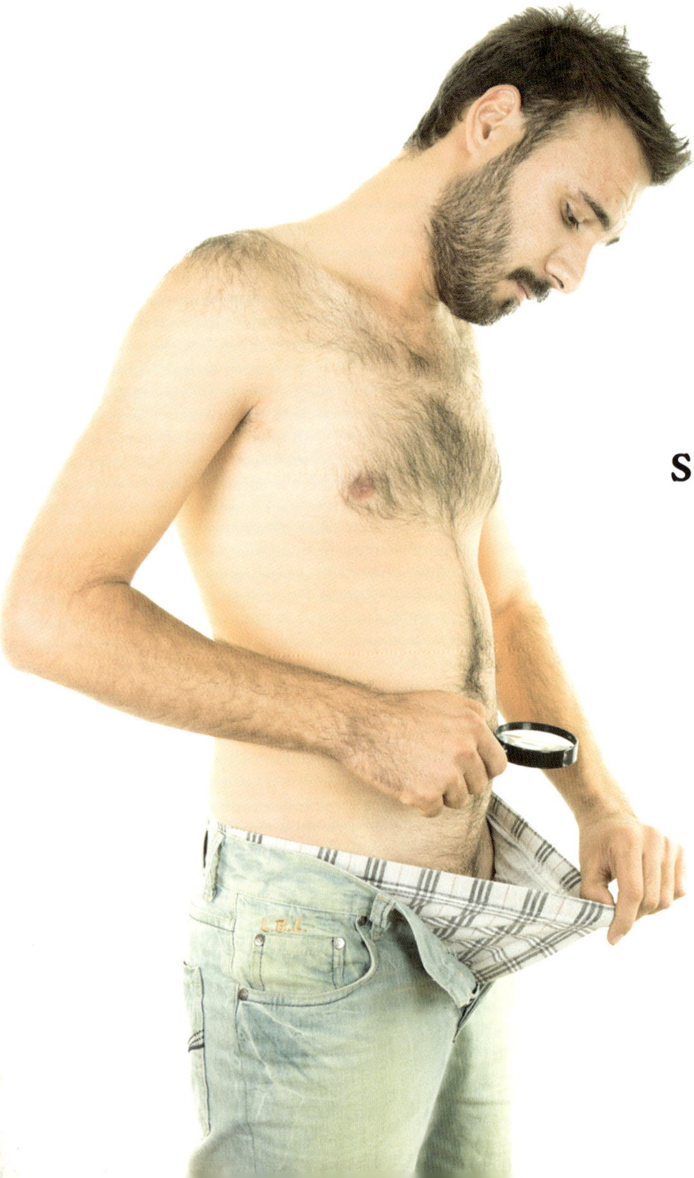

Nunca, mas nunca mesmo, chame o seu próprio pênis de Flácido Domingo.

Alguns homens
buscam a grandeza.
Outros contratam
uma boa assessoria
de imprensa.

O amor não é uma
coisa que você pode
botar pra fora de
casa quando bem
entender. O nome
disso é cachorro.
O amor é outra coisa.

Baleia é um bicho muito besta. Tem o maior cérebro do planeta, mas é absolutamente incapaz de entender poesia concreta.

Nenhum homem é uma ilha, mas uma ilha pode ser um homem. Fernando de Noronha, por exemplo.

Nunca arrume
namorada telepata.
Ela vai te largar
antes de vocês se
conhecerem.

Detesto quando vejo uma estrela cadente, faço um desejo e só então percebo que é apenas um avião pegando fogo.

O amor não é
uma coisa que
o acompanha a
todos os lugares.
O nome disso
é sombra.
O amor é
outra coisa.

Os prazeres da infância são muitos.
Mas nem se comparam aos prazeres
da vida adúltera.

Observe o balé
das nuvens e os
pássaros que
dançam no céu.
Mas não reclame
quando atolar o
pé em bosta de
cachorro.

Se a experiência é uma lanterna na popa,
feliz é o vagalume, que já nasce com a
bunda acesa.

Cuba é o penúltimo bastião comunista do mundo. O último é o Bastião Salgado, aquele fotógrafo.

O amor não é uma coisa esplendorosa que deve vir sempre em primeiro lugar. O nome disso é Evandro de Castro Lima. O amor é outra coisa.

Um dia você vai olhar
para trás e dizer:
"Para de me
encoxar, porra!"

Na Zâmbia Fashion Week,
pretinho básico é pigmeu.

O niilismo não tem futuro.
Pensando bem, nem presente.

Rir é o melhor remédio.
Mas se você pegar lepra
é melhor consultar um
especialista.

O amor não é uma coisa que
te preenche totalmente.
O nome disso é pica.
O amor é outra coisa.

Se você não sabe a diferença entre uma freira e um ninja, evite mexer com pessoas vestidas de preto.

Se uma árvore cai numa floresta e ninguém está lá para ver, as outras árvores tiram sarro dela assim mesmo?

Na vida, tudo é relativo. O peru, por exemplo, acha o Natal uma bosta.

Quando a zoófila diz para o parceiro “Uau! Você é um animal!”, isso não deve ser considerado um elogio.

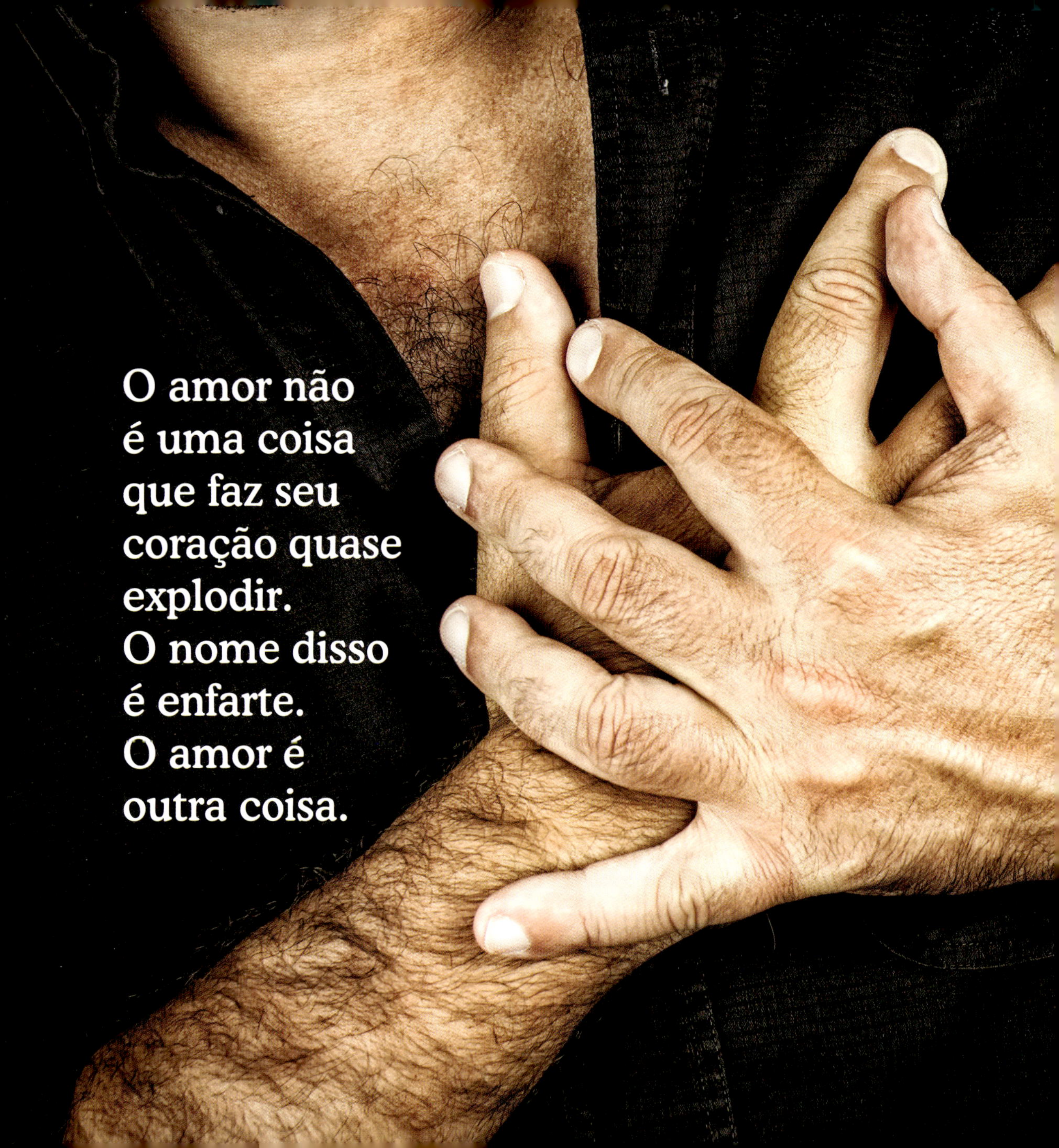
O amor não
é uma coisa
que faz seu
coração quase
explodir.
O nome disso
é enfarte.
O amor é
outra coisa.

Chorei porque não tinha sapatos, até que encontrei um homem que não tinha pés e roubei os sapatos dele.
Ele não ia usar mesmo.

1 entre 3 mulheres
tem inveja de pênis.
As outras duas
só querem ter um
peito maior.

O sábio aprende com os
erros dos outros.
O idiota aprende com os
outros do... ih, errei!

Ninguém é tão pobre
que não possa pagar ao
menos um boquete.

O amor não é uma coisa que o leva às alturas e depois acaba com a sua vida. O nome disso é malha aérea brasileira. O amor é outra coisa.

Se o amor pra você é sempre doloroso e sofrido, você provavelmente está fazendo pelo lado errado.

O pior momento
para ter um ataque
do coração é
durante uma partida
de Imagem & Ação.

Se você misturar um artista com um autista, vai sair um cara que faz shows muito intimistas.

Mantenha os olhos sempre fixos no horizonte, mas deixe a carteira no bolso da frente.

O amor não é uma coisa que chega de mansinho e te machuca por dentro. O nome disso é Kid Bengala. O amor é outra coisa.

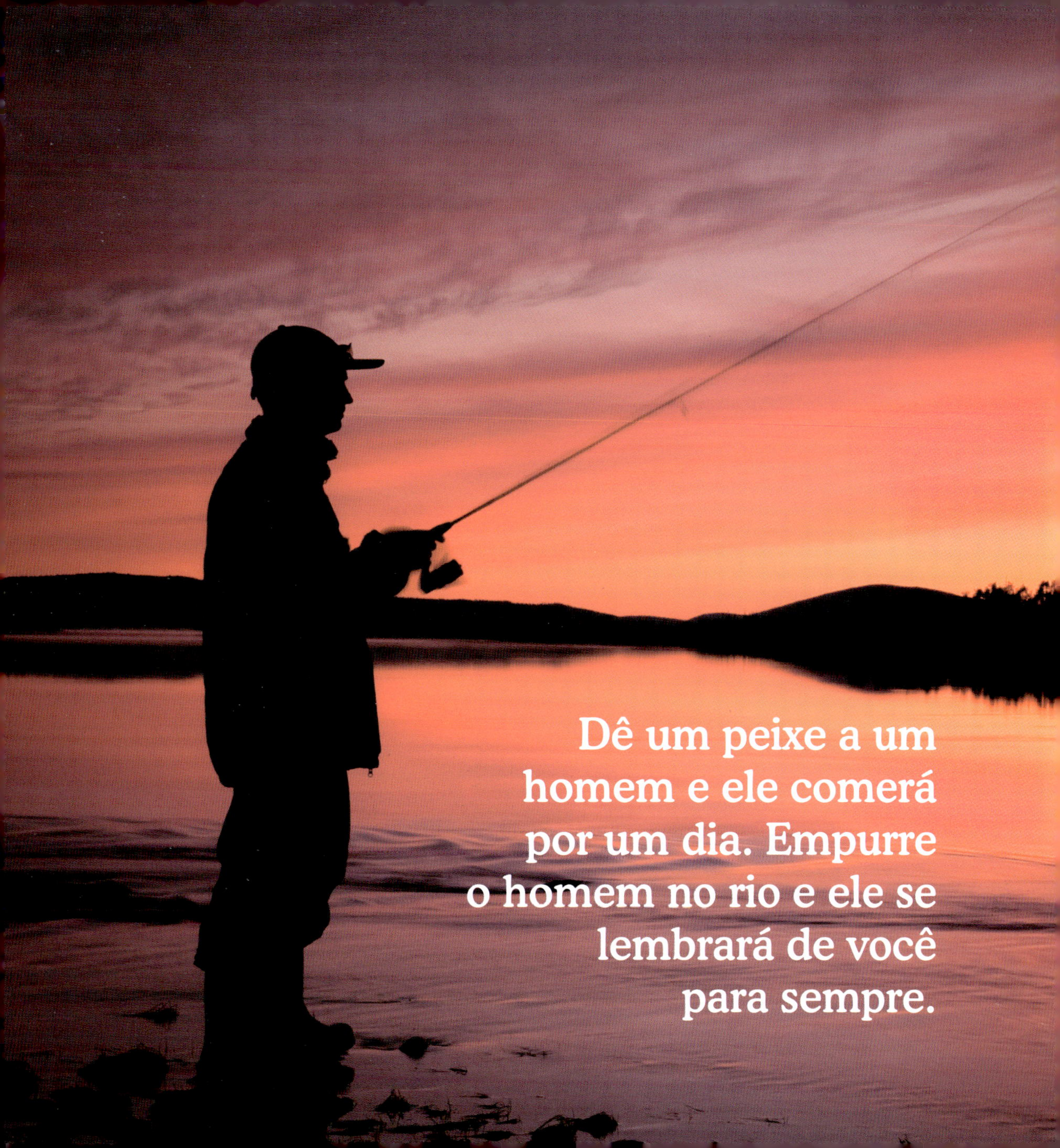
Dê um peixe a um
homem e ele comerá
por um dia. Empurre
o homem no rio e ele se
lembrará de você
para sempre.

Ame seus inimigos, mas não
faça amor com eles.
Foda com eles.

Eu não ouço vozes.
Minha geladeira pode
confirmar isso.

Canibal é o cara que vai ao restaurante, olha o cardápio e pede um garçom.

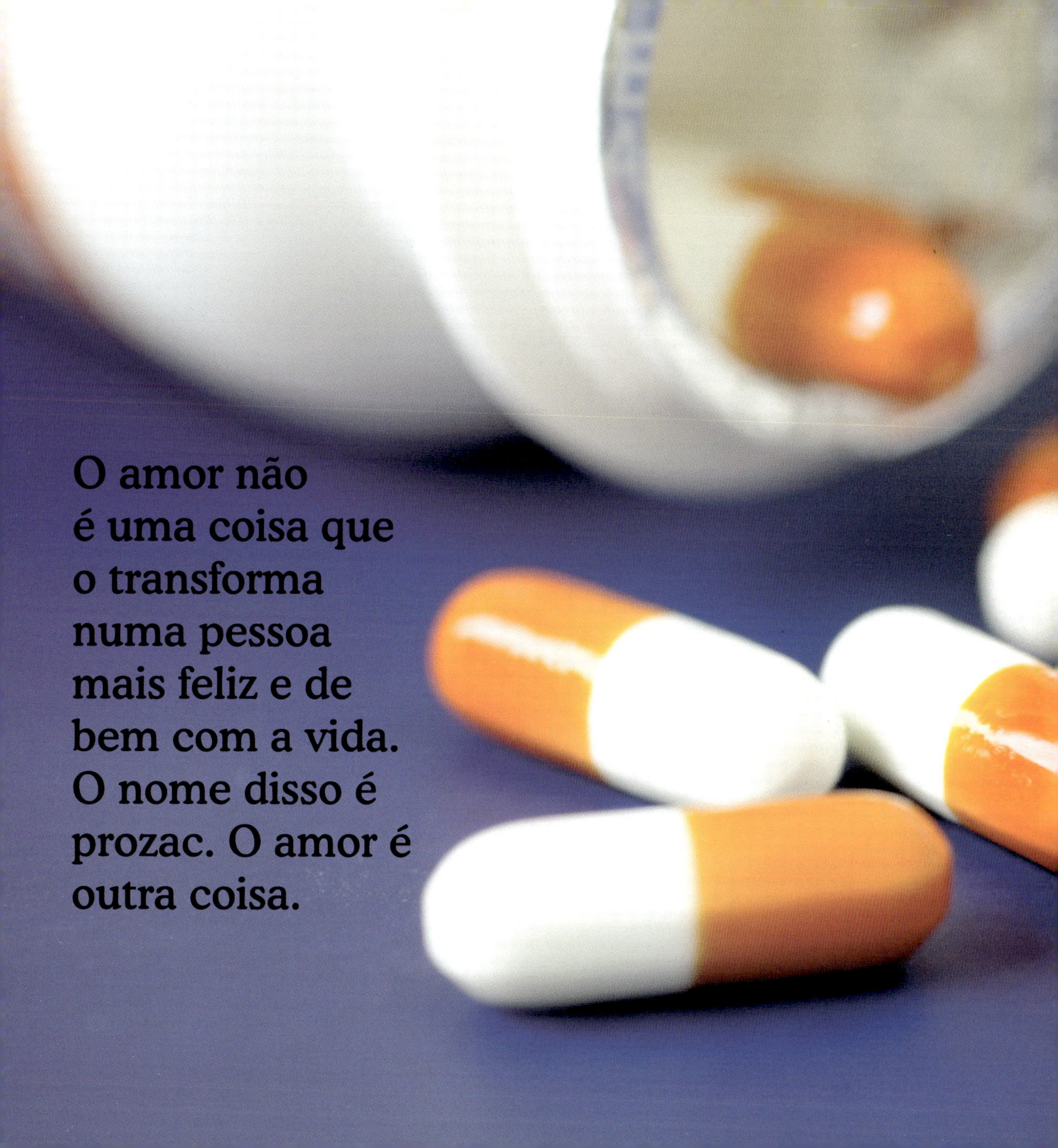

O amor não
é uma coisa que
o transforma
numa pessoa
mais feliz e de
bem com a vida.
O nome disso é
prozac. O amor é
outra coisa.

Existe uma coisa que os computadores fazem e que os homens jamais conseguirão: ficar dentro de uma caixa de papelão até que alguém os instale.

Quando você acorda na manhã do ano novo e percebe que tudo é branco e agradavelmente fresco, isso não é um bom presságio. É que você dormiu com a cara enfiada na privada.

Felicidade é
comida gordurosa e
mulheres "fat free".

Não inveje os pássaros que deslizam livres pelo céu. Pelo menos você não pode ser sugado pela turbina de um jato.

O amor não é uma coisa que
voa alto no céu e deixa sua
marca por onde passa.
Isso se chama
pombo com caganeira.
O amor é outra coisa.

Certamente você pensa que o melhor amigo do homem não é o cachorro, mas sim o gato que, além de não latir de madrugada, ainda enterra o próprio cocô. Mas é por causa de gente que pensa esse tipo de merda que o mundo está indo pro buraco.

Amar é nunca ter de pedir peitão.
Ela vai sozinha até o cirurgião
plástico.

Dinheiro não traz felicidade. Uma pessoa que tem um bilhão não é mais feliz do que outra que tem novecentos e noventa e nove milhões.

"Sempre" e "nunca" são
duas palavras que você
precisa lembrar sempre de
nunca usar.

O amor não tem idade, mas antes de comer
a moça peça a carteira de identidade.

Um dia surgiu o totem.
Logo a seguir, o primeiro
tabu: “Não pode mijar
no totem”. Daí para a
ditadura, foi um passo.

Mulher adora
homem que toca
violão, mas não
liga a mínima
para homem
que toca tuba.

Picasso só entrou na sua Fase Azul depois que a Fase Amarelo Canário Com Bolinhas Verdes virou motivo de chacota entre os cubistas.

Meu sonho é ir para África do Sul com uma camiseta escrito “Free Mandela”. E quando me falassem “mas ele está livre!”, eu diria “nenhum homem é realmente livre!”.

O amor não é uma coisa
essencial para a vida.
O nome disso é oxigênio.
O amor é outra coisa.

Homem que só ataca dragões não pode ser considerado um príncipe encantado.

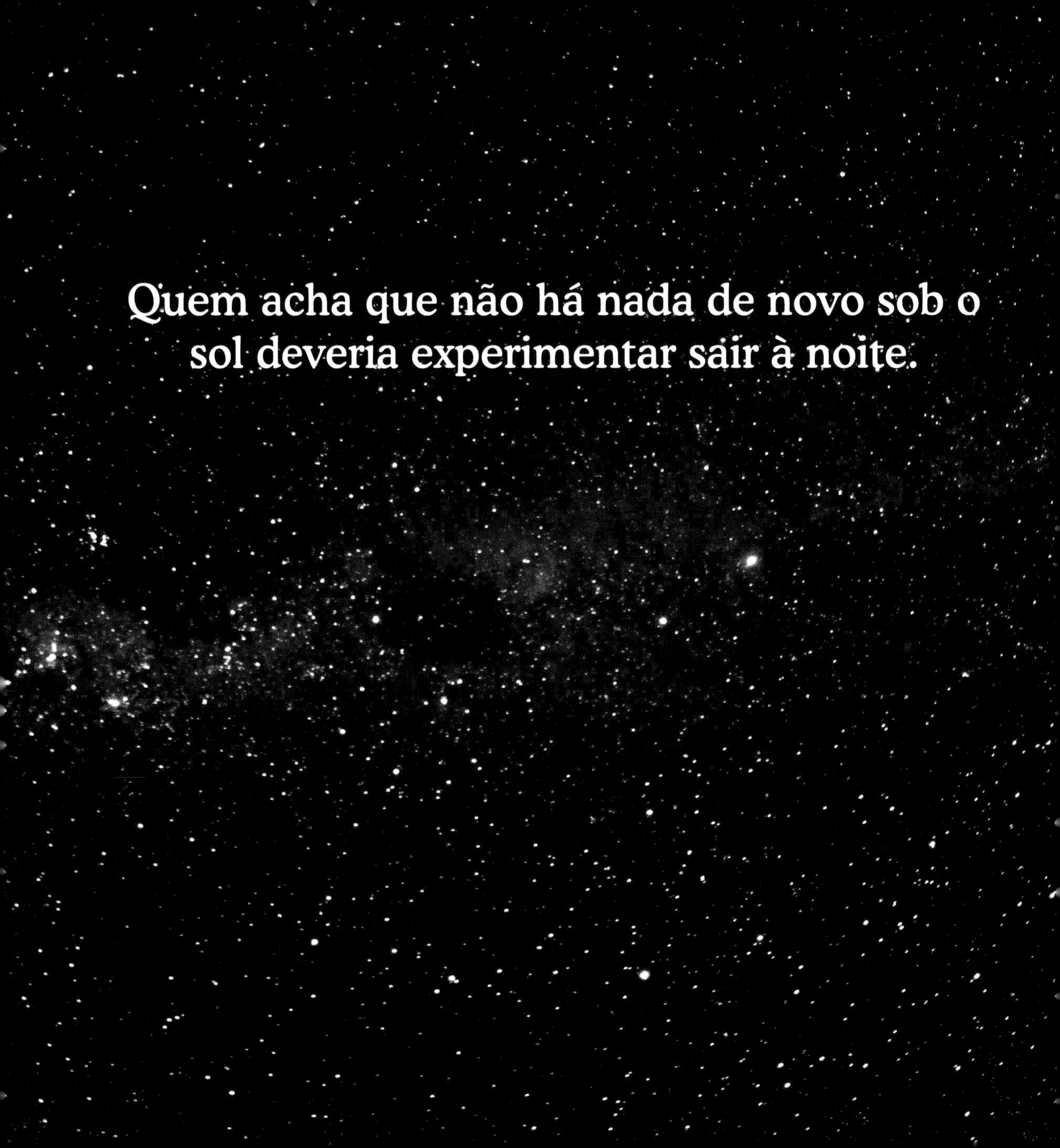
Quem acha que não há nada de novo sob o sol deveria experimentar sair à noite.

O problema do “self made man” é que ele adora seu criador.

Incomodada com “poltergeist” ficava a sua avó! Chegou Regulador Chico Xavier para aqueles dias em que o espírito baixa.

O amor não é uma coisa de
pele que faz o seu corpo arder.
O nome disso é catapora.
O amor é outra coisa.

Em uma vela se acende outra.
Assim o homem superior
economiza fósforos para
acender o cigarro.

O que é peludo, fica pendurado e balança de um lado pro outro? Tiradentes!

Tem gente que faz o maior esforço pra fazer sentido e acaba fazendo sentado.

Eu não acreditei em reencarnação na minha vida passada, por que deveria acreditar agora?

O amor não é uma coisa que chega sem avisar e atinge seu coração.

O nome disso é bala perdida. O amor é outra coisa.

Ao viajar pelo tempo, leve sempre um relógio. Ninguém leva a sério um viajante do tempo que não chega no horário.

Em terra de cego,
quem tem um olho
passa o rodo em
todo mundo.

O crime não
compensa.
Só prescreve.

Num universo paralelo,
o universo paralelo
somos nós.

O amor não é uma
coisa que entra em
sua casa quando você
menos espera.
O nome disso é ladrão.
O amor é outra coisa.

Na vida, não adianta ser pessimista.
Não vai dar certo do mesmo jeito.

Mártir é o babaca que tropeçou quando todo mundo correu. Herói é o babaca que correu pro lado errado.

Uma metáfora é como uma pedra que flutua no verde com a agilidade de uma borboleta no mar revolto.

Nem tudo que reluz
é mico-leão-dourado.
Macaco-prego com
purpurina em cima é
a mesma merda.

O amor não é uma
ferida que dói e
não se sente.
O nome disso é lepra.
O amor é outra coisa.

Um entre cada três esquizofrênicos
são dois.

Quem sofre de
amnésia nunca
tem sensação de
"déjà-vu".

Nunca, mas nunca mesmo, confunda
Jihad com She-Rá.

Histérica é uma mulher que não obtém o prazer que deseja: o cartão de crédito dela foi cancelado.

Como você chama um
cachorro sem pernas?
Não adianta chamar.
Ele não vem.

A perda de sinal é uma forma de Deus dizer que você está passando muito tempo "on-line".

Os genealogistas vivem
no passado.

Todo mundo reclama
do custo de vida,
mas ninguém quer
desistir da vida pra
economizar uns
trocos.

O amor não é uma coisa que te vira do avesso e te faz suar frio. O nome disso é virose. O amor é outra coisa.

Quando você vira as costas, o Universo ri baixinho da sua cara.

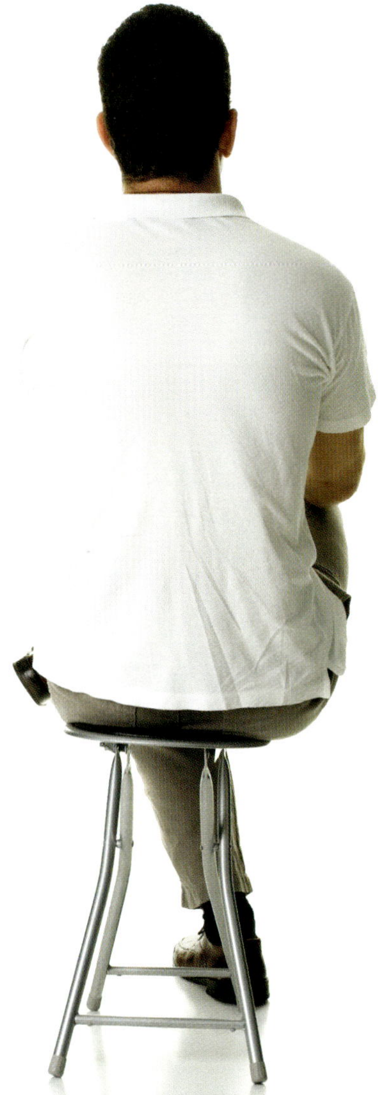

O AMOR
É OUTRA COISA

**CTP • Impressão • Acabamento**
Com arquivos fornecidos pelo Editor

EDITORA e GRÁFICA
VIDA & CONSCIÊNCIA

R. Agostinho Gomes, 2312 • Ipiranga • SP
Fone/fax: (11) 3577-3200 / 3577-3201
e-mail:grafica@vidaeconsciencia.com.br
site: www.vidaeconsciencia.com.br